ADRESSE

AU ROI,

ET DISCOURS A SA MAJESTÉ,

Par les Colons Français de Saint-Domingue, réunis à Paris.

DISCOURS

AU ROI.

LE dimanche 11 décembre 1791, les Colons de Saint-Domingue, se réunissant ordinairement à l'hôtel de Massiac, place des Victoires, à Paris, ont eu l'honnéur d'être admis à présenter au Roi une adresse. L'un d'entr'eux, M. Cormier a dit :

SIRE,

TOUJOURS en butte à de nouveaux malheurs, il reste aux Colons de Saint-Domingue, un bien que leurs ennemis ne peuvent leur ravir, le cœur de VOTRE MAJESTÉ ; ils viennent y déposer aujourd'hui leurs sollicitudes. Cette adresse exprime leurs craintes et leurs espérances.

Qu'il leur soit permis d'y joindre l'expression de leur fidélité, de leur reconnoissance et de leur respect pour le plus tendre des pères et pour le plus juste de Rois.

Le Roi a répondu, avec bonté :

« Je vais examiner avec attention vos de-

» mandes : vous ne devez pas douter de l'in-
» térêt que je prends aux malheurs de la Co-
» lonie. Je lui donnerai tous les secours qui
» sont en mon pouvoir, et je veillerai au
» maintien de la constitution. »

En sortant de chez le Roi, les Colons se sont rendus chez la Reine ; Sa Majesté venoit de se mettre au jeu, Elle a bien voulu les accueillir avec sa bonté ordinaire, et appelant M. Cormier, Elle l'a chargé « d'assurer la Société du vif intérêt qu'elle prennoit aux malheurs de la Colonie. » Il lui a demandé la permission de remettre à Madame la Princesse de Lamballe l'expression écrite du vœu des Colons. Elle a bien voulu le lui accorder.

ADRESSE

REMISE AU ROI.

SIRE,

Nos périls et nos malheurs nous ramenent au pied du Trône : nous venons y porter de nouveau l'hommage de notre respect, de notre amour, et implorer la protection de Votre Majesté.

Le décret rendu le 7 de ce mois par l'Assemblée nationale, s'il est exécuté, est l'arrêt définitif de notre destruction.

Nous allons vous démontrer, Sire, que c'est une loi de sang et de révolte, provoquée par des hommes dont la philosophie est un poignard, et la vertu une torche enflamée.

Au premier bruit de nos désartres, la France a vu ces mêmes hommes employer leurs écrivains et leurs clubs à en détruire l'impression, à détourner la pitié que nous avions le droit d'inspirer, et dans le moment où s'accomplissoit leur vœu prophétique, *peris-*

sent les Colonies, plutôt que nos principes, le sieur Condorcet publioit dans son journal que ces nouvelles étoient apocriphes, qu'elles n'avoient d'autres objets *que de créer au Roi des Français, un Empire d'outre-mer, dans lequel il y eut des maîtres et des esclaves.*

Lorsque les nouvelles ont été confirmées, lorsque les ouvriers, les gens de mer et tous les commerçans du royaume ont fait entendre leurs plaintes et leurs allarmes, la secte anti-sociale s'est écriée par son organe, (*le sieur Brissot*) que le sang de nos frères, les cendres de nos manufactures cachoient un crime de haute trahison, et cet ami de l'humanité a proposé de livrer à la haute cour nationale tout ce qui restoit de Colons non massacrés par les Nègres.

Ces horribles propositions ont été agitées, discutées dans l'Assemblée nationale.—C'est peut être la première fois qu'un peuple policé a souffert, sous des formes légales, la lutte impie du crime et de l'infortune.

Le mépris qu'inspirent de tels accusateurs les a forcé de changer de marche. --- Le régime colonial fait exception à leur sistême de subversion ; ils sont les ennemis des grandes propriétés, car ils n'envient pas, ils poursuivent, ils veulent anéantir toutes les richesses, toutes les autorités auxquelles ils ne peuvent avoir part ; leur hypocrisie ne consacre que la jouissance de la multitude, parce qu'ils en sont les despotes. Ainsi les gens de couleur dans les Colonies, étoient pour eux des instrumens précieux auxquels il falloit mettre les armes à la main ; ils y sont parvenus.

Tel est, SIRE, l'origine dè nos malheurs, elle est prouvée par les faits, d'époque en époque, à dater de la première insurrection du *Mulatre-Ogé*, jusqu'à la dévastation de la plaine du Cap, dirigée par les complices *d'Ogé*. Mais nous devons cette justice à la majorité des gens de couleur, qu'au lieu d'avoir à nous en plaindre, nous en avons reçu les plus grands services et des preuves multipliées d'une sincère affection, aussi sont-ils bien sûrs de l'exacte justice et de la reconnoissance des Colons blancs. .

Voici donc, SIRE, la coupable astuce des promoteurs du dernier décret. Nous sommes unis à la majorité des gens de couleur qui n'ont jamais pris les armes contre nous. La minorité composée de non propriétaires, ou des propriétaires endettés, des séditieux, des émissaires des amis des Noirs; cette minorité s'est avancée contre les Blancs dans quelque quartier. Or, que propose le décret ? ce n'est pas d'assurer protection et justice aux gens de couleur paisibles qui ont été nos auxiliaires et qui ont horreur de la révolte, c'est de laisser ceu xqui sont en armes, en insurection injustes maîtres du territoire, et de persuader à l'universalité des gensde couleur, que nous demandons des forces pour agir contre eux et non contre les Nègres révoltés.

Le décret vous invite donc, SIRE, à employer la force publique dont vous êtes dépositaire, à protéger la révolte et l'anarchie.

Le décret annonce à tous les habitans des Colonies que ceux qui respectent l'ordre public, qui sont fidèles aux loix, n'ont aucune protection à en attendre ; que les seuls disciples *des Brissot* et *des Gregoire* seront respectés , pourvu que le décret les trouve un poignard à la main.

Enfin , SIRE , quand ce décret ne seroit pas pour la Colonie une acte d'hostilité ; quand il ne seroit qu'un acte d'administration , VOTRE MAJESTÉ y reconnoitra la violation des droits qui lui ont été assurés, ainsi qu'aux Colonies par la constitution, c'est-à-dire, par la loi constitutionelle du 24 septembre.

Mais l'immoralité de cette mesure est encore au-dessus du délire qui la dicte. La sagesse de Votre Majesté, la justice qu'elle doit à tous les Français, l'obligation de maintenir l'obéissance aux loix, nous préserveront sans doute de ce nouveau danger qui ne nous laisseroit plus aucun espoir de salut.

Déployez, Sire, l'autorité qui vous est confiée, nous avons besoin de cette autorité tutélaire pour échapper aux fers de la tyrannie et au ravage de l'anarchie. Le despotisme de la licence nous accable, tout languit, tout périt dans les Colonies, si vous n'environnez d'une force imposante, la justice et la loi dont vous êtes toujours pour vos peuples, l'organe respecté.

Signés Cormier ; Charles Marchand ; de la-Chapelle ; Nicolas-Marie-de-Léaumont; Rossignol-de-Grandmond ; Ste.-Luce; de Lisle; Pardaillan; de Maisonneuve; Montléart ; L. Digneron ; Roberjot-du-Desert; Lalive, *introducteur des Ambassadeurs* ;

Marsiac ; de Beaunay ; Reynaud ; Roche-blave ; Auguste-de-la-Toison ; Louvart-de-Pontlevoy ; Sejournet; d'Ormenans ; Dauti-champ; l'abbé Leclerc de St.-Etrain; de Ber-cy; Malouet; Dumoustier ; Prevost-lagrave; Dupré ; Lormier-lagrave; Maussalé; Durfort-de-Duras; Desabaye; de Sain; Thébaudieres; Louis-Marthe-de-Gouy ; Butler; Abraham ; F. Testart ; Thenet ; Aimé-Gautier ; de Bo-male ; Estur-Thenet ; Magalon ; de Lagar-de ; Thilorier ; Charles-Chabanon ; Deve-zien ; Hyacinte-Chabanon ; Villeblanche ; Chabanon-de-la-Chevalerie ; H. Levasseur; Lachapelle-Latour ; d'Estimauville ; Berard; Giraúlt ; Rossignol - Piemont ; Piemont-Girault ; de Menou ; Canivet; Barré-de-St. Venant ; Roberjot - Lartigue ; Ladebat ; Laboissiere; L. de la Toison-Rocheblanche; de Mornay ; Guillaudeu-Duplessis ; Dazin-court; Concressault; de Fourcy - Lentilhac-de Sedieres ; Henry-de-Geofre ; Deslandes; Marclenne ; Belin-Villeneuve ; de Geoffre; Soubira; Maulevrier; de Court de Tonnelle ; Lameth l'ainé ; Thévenin de Mélizey ; de Chalandray ; Valfons ; de Court fils ; de Lattre de Montfleury ; de Bremont ; Da-gliez et *pour Madame de Gabriac tutrice*

de ses enfans mineurs ; Poursin de grand-
champs ; Dupuy-Montbrun ; de Croiseuil ;
Lalement de Rochebläve ; Fournier de Bel-
levue l'ainé ; Butler ; Fournier de Belle-
vue le jeune ; Chastenoye ; du Trône ; de
la Tremblaye ; Moreau ; le Fevre Fontan-
ges ; Noirmont ; Joseph de Sainte - Luce ;
Dubu de long - Champ ; Courrejolles ; Vin-
cent de Montarcher ; Berard des Galjeux ;
Berard Dupithon ; de Jassaud - Butler ; de
Cormier de Butler ; d'Héricourt de Butler.